LA BELLA VIOLINISTA

The Beautiful Girl With the Violin

1921

Anónimo / Anonymous

Volume 11

Compiladores / Curated by

Armando Miguélez Martínez / Óscar Somoza Urquídez

Traducción al inglés / English translation
Cynthia Giambruno

Edición / Edited By
Óscar Somoza Urquídez / Armando Miguélez Martínez

For information, please go to:

www.bibliotecalatinx.com

Ask for Colibrí Books ® at your local bookstore or visit:

www.bibliotecalatinx.com

ISBN: 978-1-959040-13-2

CONTENIDO
Contents

La Bella Violinista

The Beautiful Girl With the Violin

Volume 11

Una Niña Mimada

A Spoiled Girl

Volume 13

Un Robo Descubierto con Delicadeza por el Rey Alfonso de Aragón

A Robbery Delicately Resolved by the King Alfonso of Aragón
Volume 14

Leo y Nica

Leo and Nica
Volume 15

El Lobo Bueno

The Good Wolf

Volume 16

PREAMBULO Y DEDICATORIA

Hacer memoria de nuestros antepasados y reconstruir una pequeña parte de su legado es un honor. Desde nuestros bisabuelos hasta nuestros nietos, que unen el pasado con el presente, como un espejo en el que podemos vernos día tras día, y desde el amor por la lectura que nos legaron aquéllos, nos ha servido de aliento a cada paso en este proceso. Por lo mismo, y como tributo y homenaje para al pueblo mexicano de los Estados Unidos que ha creado, atesorado y difundido esta hermosa herencia literaria a través de los siglos, contra viento y marea a veces, para beneficio y deleite de los pequeños lectores de hoy en día.

También para nuestras hijas e hijos: Melina, Jazmín, Armando, Xana, Ariana y Armando; nietas y nietos: Citlali, Nahuel Amado, Leo, Santiago, Lara, Isaac y Milo Sebastián.

Esperamos que estos cuentos sean recuerdos de divertidos y tiernos momentos de su propia niñez, y que puedan gozar de nuevo cuando los lean a sus propias hijas y nietos.

Para todos los niños de la tierra: niños de edad, sensibilidad y esencia.

PREAMBLE AND DEDICATION

To the memory of our ancestors, it's an honor to reconstruct a small part of their legacy. From the time of our great grandparents to our grandchildren, who connect the past with the present, it is like a mirror where we can see each other day after day. The love of reading that they continue to pass on to the younger generations has inspired us at each step in this process. This is a tribute to the Mexican people in the United States for having created, treasured, and disseminated their beautiful literary heritage for hundreds of years, many times against all odds, for the benefit and enjoyment of today's young readers.

For our children: Melina, Jazmín, Armando, Xana, Ariana, and Armando; and for our grandchildren: Citlali, Nahuel Amado, Leo, Santiago, Lara, Isaac, and Milo Sebastián.

We hope that these stories are reminders of fun and tender moments of their own childhood and that provide enjoyment when they read them to their own children and grandchildren.

For all the children around the world: children in age, sensitivity, and essence.

De norte a sur y desde la frontera de Rusia hasta la de Francia, no hay en toda Alemania quien no conozca o no haya oído hablar de la gentil, de la bellísima, de la encantadora Greschen, la violinista.

Es huérfana. Tal vez pudiera vivir ricamente en un gran palacio, porque algunas ricas señoronas han querido prohijarla; pero ella quiere vivir libre como los pájaros, errante por el mundo, en plena Naturaleza, bien segura de que por todas partes le acompañan la bendición de los pobres, el respeto de las gentes y el encanto y la admiración de todos los chiquillos.

From north to south and to the borders of Russia and France, there is no one in all Germany who doesn't know or hasn't heard of the kind, beautiful, and charming Greschen, the girl with the violin.

Greschen is an orphan. She could live a rich life in a fancy palace, because there are some high-class ladies who want to adopt her. But she prefers to be free as a bird, to wander the world, to be one with Nature, confident that she will always be protected by the blessings of the poor, the respect of people and the admiration of all the children.

— *¿No es verdad que he picado la curiosidad de ustedes, amigos del "sábelo todo"? ¿Qué hace Greschen para que todos la quieran tanto?*

Cuando el señor Sol asoma sus narices por la línea de los oteros, de las altas montañas o sobre la mancha negra de los bosques o por el horizonte de la llanura, Greschen está ya en pie con el violín bajo el brazo y dispuesta a sumar los delicados acentos de las cuerdas de su instrumento al concierto de píos con que los pajarillos saludan la alborada.

— *Now, aren't you at all curious; you who like to hear "gossip", who want to know everything about everybody, about what it is that Greschen does to make everyone love her so much?*

Well, when the Sun peeks over the top of the hills or tall mountains, or over the dark shadows of the forests, or the horizon at the edge of the open fields, Greschen is already on the move. She has her violin under her arm, ready to merge the delicate sounds of her stringed instrument with the concert of birds chirping that welcome the early morning.

Toma en sus brazos a Lindo, un perrito blanco y negro que es una monada, y Marquesa, madre del perrito, no menos linda, sigue fielmente a su joven amiguita de quince años. Después, Greschen se encamina al pueblo próximo y, sea éste grande o pequeño, a la media hora ya está la muchacha rodeada de unos cuantos cientos de personas, pues los niños del lugar hacen de voceros gritando a pulmón pleno por las calles:

— *¡Ha venido Greschen, la violinista; va a tocar el violín!*

She picks up Lindo, an adorable black and white puppy. Marquesa, the puppy's equally cute mother, faithfully follows her 15-year-old friend. Later, Greschen walks to a nearby town and, within a short time hundreds of people gather around her, because in their excitement, the children scream with enthusiasm all over town that Greschen has arrived:

— *Greschen is here. The girl with the violin. She is going to play for us!*

Más hermosa, con su encantadora sonrisa, Greschen impone el silencio con una sola mirada y comienza su ejecución en el violín, una ejecución divina que imita todos los rumores de la Naturaleza, el susurrar del viento por entre el ramaje de los árboles, la tempestad deshecha, el piar de los pajarillos, el salto de las cascadas, los gritos humanos de dolor y de alegría.

Cuando termina, suena un clamoreo de hurras, los aplausos se suceden en tableteo formidable y sobre el rojo pañuelo que Greschen se ha quitado del cuello para extenderlo en el suelo, cae una lluvia de monedas.

With her lovely smile, Greschen looks even more beautiful, and compels complete silence with one simple glance. When she takes her violin, her exquisite playing imitates the sounds of Nature, the whisper of the breeze through the trees, a storm as it fades, the chirping of baby birds, the rush of a waterfall, human cries of pain and happiness.

When she finishes playing, a thunder of cheers and applause fill the air, and coins rain down on the red scarf that she takes from her neck and lays on the ground.

— *¿Greschen será rica? preguntarán ustedes.*

¡Pues, no señor! ¡He aquí por qué adoran todos a Greschen! cuando acaba su concierto, sale del pueblo, vaga por bosques y praderas, donde la esperan muchos pobres y al ocaso del sol retorna al pueblo sin una moneda.

Greschen es la Caridad encarnada en una niña.

— *So, surely Greschen must be rich? you might ask.*

Well, Greschen isn't rich! And this is why everyone adores her! When her concert is over, she leaves town and wanders through forests and open fields where many of the poor wait for her, and at sunset she returns to her village, without any money.

Greschen is Charity embodied in a little girl.

UNA NIÑA MIMADA

A Spoiled Girl

1921

Anónimo / Anonymous

Volume 13

Compiladores / Curated by

Óscar Somoza Urquídez / Armando Miguélez Martínez

Traducción al inglés / English translation
Óscar Somoza Urquídez

Edición / Edited By
Armando Miguélez Martínez / Óscar Somoza Urquídez

Cuando vino al mundo era tan menudita, tan frágil, que no se atrevían a tocarla. Tenía una carita arrugada, unos pocos pelos en la cabeza, unas manos pequeñitas con los dedos flacos, moviéndose como patas de un búho y un cuerpecito que daba pena verlo. La llamaban María Teresa, nombre demasiado largo para una cosa tan pequeña. No lloraba nunca y sus padres decían:

— *¡Qué formalita es!*

Pero la nodriza meneaba la cabeza y pensaba que si no lloraba era porque le faltaban fuerzas. Todos los que la veían opinaban que no viviría mucho tiempo y hasta el médico que la había asistido al nacer no ocultaba a los padres sus pesimismos. Pero los padres, sea porque no se diesen cuenta o porque querían aún más a ese ser que se sentía amenazado, conservaban la esperanza.

She was so tiny when she was born, so fragile that no one wanted to touch her. Her face was wrinkled, a few hairs, tiny hands with skinny fingers. She moved as if she had legs of an owl and a tiny body that was pitiful to see. Her name was María Teresa, too long a name for someone so small. She never cried and her parents would say:

— *She is so well-behaved!*

When the nurse shook her head, she thought that if she didn't cry it was because she was so weak. No one thought that she would survive. Even the doctor who brought her into the world didn't hide from her parents his hopelessness. But her parents were optimistic, either because they didn't want to accept her condition, or because they loved their innocent child so much.

Pasó todas las enfermedades de la infancia, y de todas curó cuando niños robustos sucumbían. Cumplió un año, dos, tres años; aún no había dado un paso y dejaba caer a un lado su cabecita como cansada de la vida. Le tapaban el sol y el aire como a una planta de estufa; el termómetro regulaba no solamente sus salidas sino el paso de una habitación a otra y el médico dijo un día:

— *¿Qué quieren ustedes? Existe una paradoja viviente. Cuando un organismo se obstina en hacer una defensa heroica todo puede suceder, hasta lo más inesperado. Sigan cuidando a la niña; lo confieso que me ha desorientado.*

She endured all the childhood illnesses, and she survived them all when other healthy children didn't make it. She turned one, two, three years old, and still couldn't take a step on her own, and her little head fell to one side as if she didn't want to live anymore. They protected her from the sun and the breeze like a very delicate plant in bloom. They set the thermometer not only when she went out, but also going from one room to another. One day the doctor said:

— *What can I say? This is a living paradox. When an organism insists on making a* heroic defense anything can happen, even the unexpected. Continue taking care of her. I must confess that I am also confused!

Y más que nunca la vida de los padres se reconcentró alrededor de la cuna. A los cuatro años se arrastraba de una silla a otra; a los cinco comenzó a andar. Fue un conocimiento, una alegría loca la primera victoria, la primera luz de esperanza. Y poco a poco María Teresa revivía; tendía los brazos, sonreía, hablaba y por momentos se normalizaba. Bien es verdad que aún les daba vergüenza confesar su edad; a los cinco años no aparentaba más de tres. Su cerebro se formaba, y ella, que nunca se había dejado oír, ahora lloraba o gritaba y se enfurecía. En verdad, apenas tenía tiempo de demostrar su cólera, inmediatamente la cogían en brazos diciéndole:

— ***¿Qué quieres, rica mía?***

And more than ever her parents were vigilant and always on the lookout next to the child's crib. At four years old she would drag herself from one chair to the other; at five she began to walk. This first victory was enlightening, filled with joy; the first ray of hope. And slowly María Teresa came alive again; she reached out, smiled, chatted and at times she acted like a normal child. It's also true that sometimes they felt embarrassed to tell her age; at five she appeared younger than three. Her brain was developing, and she, who had never been heard, now cried and screamed, and got angry. It is true that she barely had time to be angry, because they would quickly pick her up and ask:

— ***What would you like, my lovely child?***

No tardó en darse cuenta de que en la casa no había más voluntad que la suya, que todos se doblegaban ante sus caprichos, y si alguien decía que la mimaban demasiado los padres contestaban felices y sonrientes:

— ***¡Nunca lo bastante! ¡Gracias a eso va viviendo!***

Insensiblemente crecía, engordaba, los colores iluminaban sus mejillas y el milagro que nadie hubiese creído posible se operaba; era idéntica a las niñas de su edad. Como todos se habían acostumbrado a su autoridad, a sus caprichos, al curarse nada cambió, y así fue como siguió viviendo libre como un animal salvaje que no piensa más que en correr, comer y dormir. A veces su padre decía:

— ***Debíamos pensar en su instrucción. Pero la madre contestaba inmediatamente:***

— ***Más tarde, más tarde. Ya tendrá tiempo.***

It didn't take long for her to realize that at home she made all the decisions, that everyone bowed down to her wishes, and if anyone commented that her parents pampered her too much, they would simply reply happily smiling:

— *Never enough! Thanks to that she keeps on living!*

She grew up an insensitive person, gained weight, her cheeks developed a multi-colored glow and the miracle that everyone thought was impossible became reality; she was like the girls her age. Since everyone became used to her authority, to her demands, when she got well, nothing changed, and she continued to live free like a wild animal that only thinks about running, eating and sleeping. Sometimes her father would say:

— *We should start thinking about her education. But her mother would immediately intervene:*

— *Later, later. She will have time later.*

A los catorce años era una hermosa chica, alta, fuerte, bonita y no sabía escribir ni leer. Lo peor de todo es que ella no tenía ganas de instruirse, y cuando intentaban persuadirla para escuchar las lecciones de la institutriz, con malicia respondía:

— *¡No puedo estudiar, me canso, siento un dolor en el pecho!*

El médico la examinó atentamente; al salir dijo a los padres:

— *No hagan caso; todo eso son pamplinas para no estudiar. Que estudie y trabaje; eso la curará. Así como antes les he recomendado que la mimen y la cuiden, ahora les aconsejo mucha severidad y energía. Si no, la harían muy desgraciada el día de mañana.*

At fourteen she had become a beautiful young lady, tall, strong, pretty, but she couldn't read and write. The worst part was that she didn't want an education, and when they tried to persuade her to pay attention to the governess' instructions, she would reply with malice:

— *I can't study, I get tired, and my chest hurts!*

The doctor carefully examined her, and when he finished, he told her parents:

—Don't pay attention; it's all nonsense, because she doesn't want to study. Make her study and work; that will cure her. Just like before, when I asked you to pamper and take care of her, now I advise you to be strict and strong. If not, she will be very unhappy.

María Teresa tuvo que estudiar y renunciar a su pasada vida de holgazana, pero se ha vuelto muy triste, aunque no se queja. Ha visto en sus padres una voluntad inquebrantable ante la necesidad de que estudie. Ante una melancolía tan persistente los padres se enternecen y le preguntan:

— ***¿Estás mala?***

— ***No.***

— ***¿Quieres algo?***

— ***No.***

— ***¿Quieres un vestido?***

— ***No.***

— ***Entonces ¿qué quieres?***

Y con los ojos muy abiertos siguiendo a lo lejos el recuerdo de los tiempos felices en que nada se oponía a sus caprichos, mecida por la eterna pereza contestó rencorosa:

— ***¡Quisiera estar enferma!***

María Teresa had to study and give up being lazy. She became very sad, but didn't complain. She saw in her parents an unbreakable will for her to study. She became persistently sad and dejected, and her parents were dejected too, and they asked her:

— *Are you sick?*

— *No.*

— *Do you want anything?*

— *No.*

— *Would you like a new dress?*

— *No.*

— *What would you like, then?*

And with eyes wide open, remembering happy times when nobody contradicted her whims, and motivated by her continued laziness, she sadly replied:

— *I want to be sick!*

Un Robo Descubierto con Delicadeza por el Rey Alfonso de Aragón

A Robbery Delicately Resolved by the King Alfonso of Aragón

1927

Anónimo / Anonymous

Volume 14

Compiladores / Curated by

Armando Miguélez Martínez / Óscar Somoza Urquídez

Traducción al inglés
Óscar Somoza Urquídez

Edición / Edited By
Armando Miguélez Martínez / Óscar Somoza Urquídez

Se cuenta que el rey Alfonso de Aragón fue cierto día a examinar las alhajas que poseía un joyero, y que en esa visita le acompañaron algunos de sus cortesanos. Acababa de salir de la tienda el monarca cuando el joyero corrió tras él para quejarse de un robo que, según decía, acababa de perpetrarse en el establecimiento.

This story is about King Alfonso of Aragón who one day visited a jewelry store accompanied by members of his royal court. The Monarch had just left the store when the jeweler followed him to complain that a theft had taken place in his shop.

— *Me han robado un diamante de gran precio, ¡Sire(1)! exclamó.*

— *Pero ¿cuándo? inquirió el rey.*

— *Ahora mismo, mientras que su majestad se hallaba en mi casa. No tengo de ello la menor duda.*

— *Someone has just stolen a very expensive diamond, Sire! he cried out.*

— *But, ¿when? asked the King.*

— *Right now, while His Majesty was in my store. I do not have any doubt.*

1. Sir, from the French. Señor, del francés.

Silenciosamente, se volvió el rey y entró de nuevo en la joyería, seguido de los cortesanos. En seguida pidió que le llevasen un recipiente bastante profundo, un balde, por ejemplo, lleno de aserrín.

Cuando el recipiente así preparado estuvo sobre el mostrador Alfonso ordenó que cada uno de los cortesanos hundiese por turno la mano cerrada en el balde y la retirase abierta. El propio monarca dio el ejemplo, tras él, los cortesanos hicieron lo que se les ordenaba.

Silently, the King returned to the jewelry store, followed by his royal escort. Immediately, he asked for a deep container, a water bucket, for example, filled with sawdust.

When the container was ready and on the counter, King Alfonso ordered each one in his royal entourage to put in their closed fist in the bucket and to open it when they took it out. The Monarch did it first, and after him, the others.

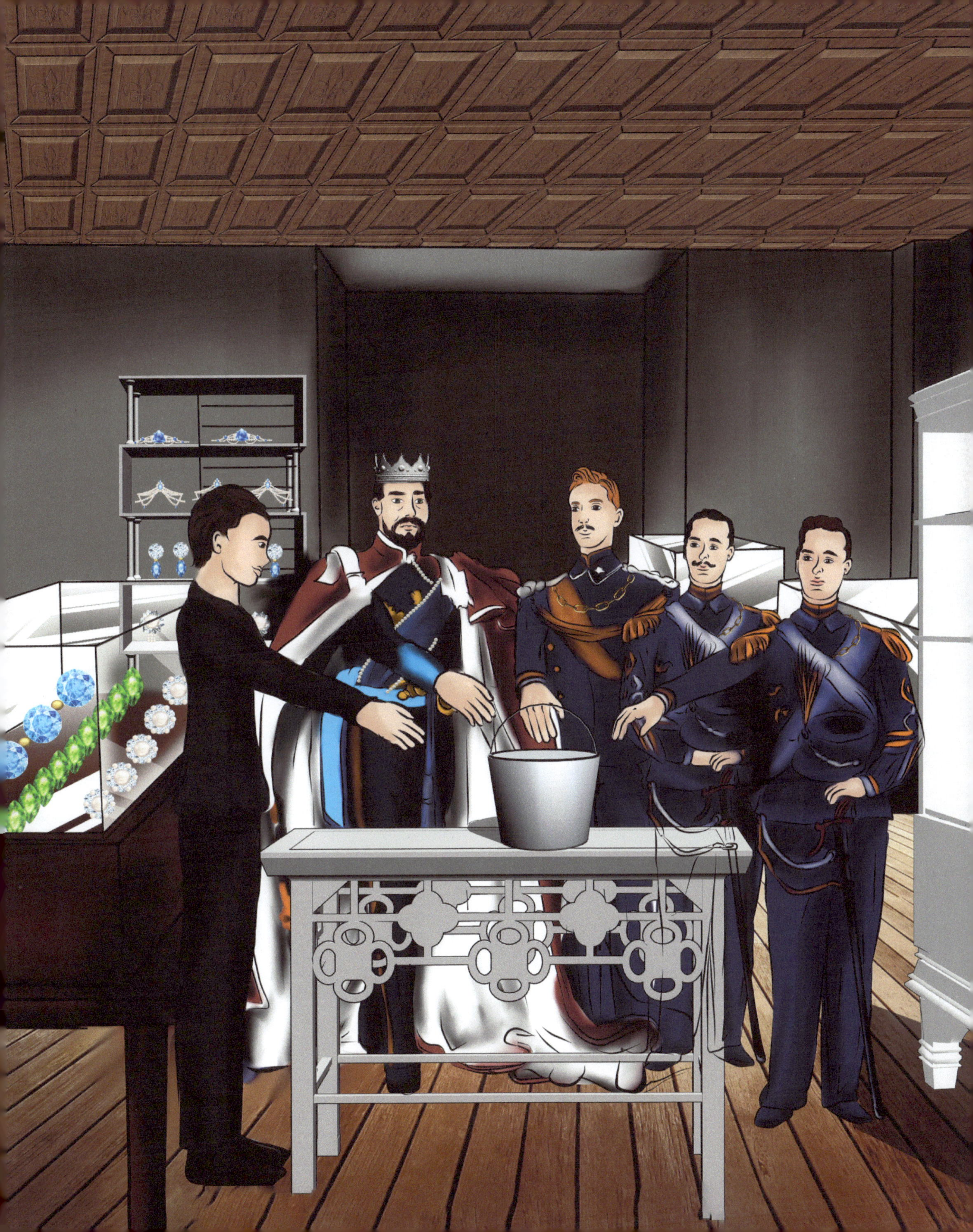

Cuando la curiosa maniobra hubo terminado el rey indicó al joyero que vaciase el balde sobre el mostrador y viese si la gema estaba entre el aserrín. Lo hizo así el comerciante y la preciosa piedra fue encontrada sin que hubiese deshonor visible para nadie.

After everyone had participated in this unusual way to resolve the problem, the King asked the jeweler to empty the bucket on the counter to see if the gem was in the sawdust. The store owner found the precious stone without any obvious dishonor for anyone.

LEO Y NICA

Leo and Nica

1922

Anónimo / Anonymous

Volume 15

Compiladores / Curated By:
Óscar Somoza Urquídez / Armando Miguélez Martínez

Traducción al inglés / English Translation
Cynthia Giambruno

Edición / edited By:
Armando Miguélez Martínez / Óscar Somoza Urquídez

Leo era el nombre de ella, y Nica el de él. Parece que debiera ser lo contrario, ¿verdad? Porque Leo suena más a masculino, como Nica a femenino. Pues, no señor. Es que Leo era reducción de Leocadia, y Nica de Nicanor.

Los dos eran niños y verdaderos prodigios en los ejercicios acrobáticos que realizaban, amén de las mil y una maravillas que podían hacer: Leo, a un perro de aguas y Nica, a un paciente burro.

Leo was her name, and Nica was his. It should have been the other way around, don't you think? Because Leo sounds more masculine, and Nica more feminine. Well, no sir, not in this case. Leo was short for Leocadia, y Nica for Nicanor.

These two children were not only amazing acrobats but could also do a thousand and one marvelous tricks -- Leo with her Spanish water dog and Nica with his patient donkey.

Los dos pequeños artistas eran excelentes amigos, pero, ¡ay! sus padres eran enemigos irreconciliables. Formaban éstos, dos grupos ambulantes con espectáculo de circo, y se hacían terrible competencia en los pueblos que visitaban.

Leo y Nica habían simpatizado como simpatizan los niños incapaces de sentir odio, y cuando libres del trabajo se reunían, se comunicaban sus impresiones sobre el arte que practicaban. También hablaban sobre los accidentes de sus penosos viajes, tras los carros que conducían sus vistosos trajes de pista.

They were also great friends, but, oh! their parents were mortal enemies. They belonged to two traveling circuses that competed with each other in the towns where they performed.

Leo and Nica became good friends. They were children, incapable of hate, and whenever their chores allowed, they got together and shared their impressions about their art. They also talked about the accidents that they suffered on their very difficult journeys as they followed their carts packed with flamboyant costumes for their performances.

Esta amistad les costó más de un azote, pero los chicos no escarmentaban, jugaban y ponderaban los progresos del asno y del perro. Eran dos animales sabios que entusiasmaban al público, cada uno en su tenderete.

Pero un día el padre de Nica se cayó del trapecio y se rompió una pierna y lo llevaron al hospital del pueblo donde trabajaban. No fue eso todo, el pobre Nica cayó enfermo de tifus y tuvo también que ir al hospital. Lloró Leo con igual fuerza que rieron sus padres despiadados al verse ya sin competencia.

Their friendship earned Leo and Nica more than one whipping, but it didn't deter them. They played and talked about the new tricks they taught the donkey and the dog, two wise animals that thrilled audiences, each in their own circus tent.

One day, Nica's father fell from the trapeze and broke a leg. He was taken to the hospital in the town where they were performing. Then poor Nica came down with typhus and ended up in the hospital with his father. Leo cried as hard as her parents laughed when they realized they no longer had any competitors.

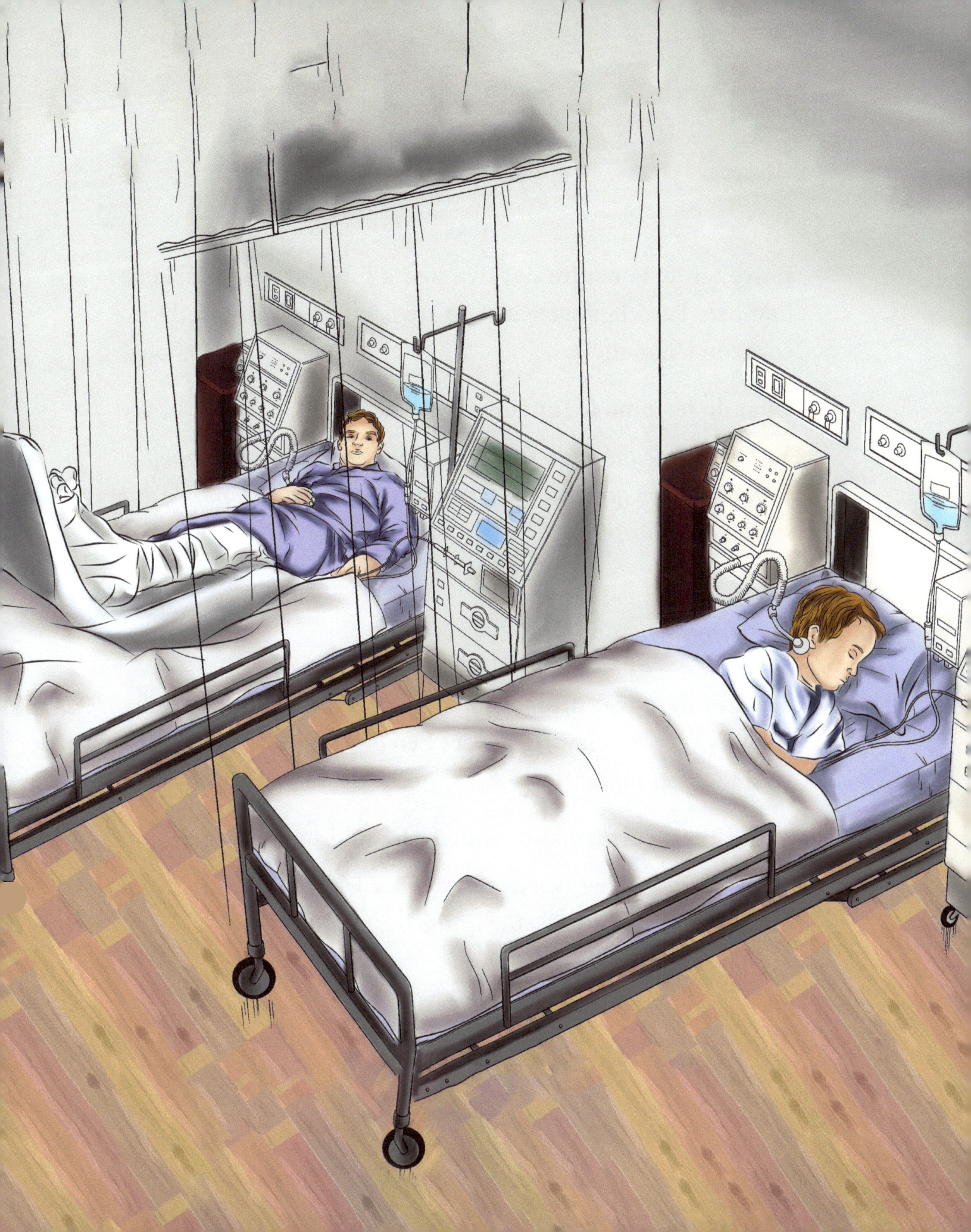

Entre tanto, la madre de Nica pedía limosna y se moría de hambre. Pero la angelical Leo tuvo un rasgo digno de un corazón sin malicia.

Cuando terminó la función dijo a su padre:

— *Ya hemos sacado todo lo que se puede sacar de este pueblo. Déjame ahora que trabaje a beneficio de Nica y su padre que sufren en el hospital.*

Meanwhile, Nica's mother took to the streets to beg because she was very hungry. But sweet Leo had an idea worthy of a soul that felt no malice.

When their performance ended, she said to her father:

— *We've earned all we can in this town. I want to help Nica and his father who are suffering in the hospital.*

Y encarándose con el público dijo que iba a realizar un nuevo trabajo con el fin de aliviar la situación de unos desgraciados artistas. Salió un momento de la pista, y cuando volvió conducía al burro sabio de Nica, cuya ciencia conocía por habérsela explicado el enfermo, y luego de hacerle mostrar sus pacienzudas habilidades, le preguntó:

— *¿Cuántos pesos te parece que me darán estos señores para tus amos enfermos en el hospital?*

So, facing the audience, Leo announced that she was going to perform a new trick to help some fellow artists who were having a hard time. She left the ring for a moment and when she returned, she was leading Nica's wise and patient donkey. Nica had explained to her all the tricks the donkey could do, and after prodding it to patiently perform a few tricks, she asked the donkey:

— *How much do you think these nice people will give me for your masters who are sick in the hospital?*

El burro hizo veinte movimientos de cabeza (los que le había enseñado a hacer Leo por la mañana), y la cosa hizo tanta gracia a los espectadores, que la chica juntó en el acto los veinte pesos. Los entregó a la madre de Nica, que la abrazó llorando, llamándola su salvadora.

The donkey shook its head twenty times (just as Leo had taught it to do that morning), which greatly amused the spectators. Leo quickly collected 20 pesos and gave them to Nica's mother who, with tears in her eyes, called Leo her savior and gave her a warm hug.

EL LOBO BUENO

The Good Wolf

1928
Anónimo / Anonymous
Volume 16

Compiladores / Curated by
Armando Miguélez Martínez / Óscar Somoza Urquídez

Traducción al inglés / English translation
Óscar Somoza Urquídez

Edición / Edited By
Óscar Somoza Urquídez / Armando Miguélez Martínez

Cierto día se perdió una niña en el bosque, y no pudiendo encontrar el camino que conducía al pueblo, se puso a llorar, y llorando se le pasó la tarde, hasta que llegó la noche oscura. En esto se apareció un lobo muy grande. La niña que lo vio empezó a dar gritos desgarradores.

One day a little girl got lost in the forest and couldn't find her way back to the village, and she started crying, and crying as the afternoon went by, until it got dark. Then, a very big wolf appeared, and when the little girl saw him she began to scream desperately.

— *¡Por Dios, lobo, no me comas! ¡Mira que mi padre me adora como a sus propios ojos, y si me comes, se morirá de pena!*

— *No tengo más remedio que comerte, respondió el lobo:*

— *La misión de los lobos es comerse a las niñas como tú, porque tienen la carne muy tiernita, y muy sabrosa.*

Please, Mister Wolf, don't eat me! My father adores me like his own eyes, and if you eat me, he will die of sadness!

—I have no choice but to eat you, replied the Wolf:

—The wolves' mission is to eat little girls like you, because you are very tender, and delicious.

— ¡Por Dios, lobo, repitió la niña:

— No me comas! Mira que mi madre me adora más que a su propia vida, y si sabe que me has comido, se morirá inmediatamente.

— Yo no tengo nada que ver con eso, replicó el implacable lobo. Estoy hambriento y necesito comer.

— Please, Mister Wolf, the little girl said again:

— Don't eat me! My mother adores me more than her own life, and if you eat me, she will die immediately.

— I don't know anything about that, replied the unforgiving Wolf: I'm starving and I need to eat.

— *Pues toma, dijo la niña:*

— *Ahí tienes una torta de miel y un trozo de chocolate que traje para merendar. Come eso y déjame ir.*

— *El lobo se comió el trozo de chocolate y la torta de miel:*

— *Eran muy buenas las golosinas que me diste; pero mi hambre no se ha saciado, necesito comerte.*

— *Well, here, said the little girl:*

— *Eat this honey sandwich and some chocolate that I brought to snack on. Eat that and let me go.*

— *The Wolf ate the chocolate and the honey sándwich:*

— *The sweets that you gave me were very good; but I'm still hungry, I have to eat you.*

Entonces la niña tuvo una idea feliz. Se acordó que sabía bailar de un modo tan encantador, que cuantas personas la veían quedaban encantadas. Pensó que podía encantar también al lobo y apresuradamente se quitó los zapatitos, se quitó la manteleta, y con el más airoso garbo se puso a bailar.

Y el lobo que vio a aquella niña tan guapa bailando divinamente, la miraba embobado sin acordarse de sus amenazas. Pero la niña se cansó de bailar. Y cuando el lobo salió de su embobamiento, volvió a decir:

— *Necesito comerte.*

Then the little girl came up with a new and creative idea. She remembered that she could dance in such a lovely way, that she could charm anybody who watched her. She thought she could also charm the Wolf. Quickly, she took off her tiny shoes and her shawl, and with the most graceful elegance began to dance.

And the Wolf, who saw the beautiful girl dancing gracefully, looked amazed and forgot about his threats. But the little girl got tired of dancing, and when the Wolf woke up from his fascination, he again said:

— *I have to eat you.*

Entonces la niña se acordó de que sabía cantar preciosas canciones con su voz cristalina; todas cuantas personas la oyeron cantar, solían quedar embelesadas. Así pues, se encomendó a la Virgen María y cantó una canción tan dulce, tan afinada y bella canción que el terrible lobo sintió su corazón enternecido.

El lobo se olvidó de su hambre, tornó los ojos suavemente y al fin se durmió.

La niña vio esto y echó a correr, después encontró el camino del pueblo y dio cuenta de su aventura.

Then the girl remembered that she could sing beautiful songs with her crystal clear voice, and everyone who listened to her was fascinated. Therefore, she entrusted herself to the Virgin Mary and sang a sweet, finely-tuned and beautiful song that touched the terrible Wolf's heart.

The Wolf forgot about being hungry, rolled his eyes gently and finally fell asleep.

The girl saw this, and started running. She found the way to the village and told everyone about her adventure.

Y salieron los hombres con escopetas, guiados por la niña, y encontrando al lobo dormido, lo mataron.

— ***¡Qué crueldad!***

— ***Sí, hermoso niño, fue una crueldad; aquel grande incrédulo merecía otro pago. Pero los hombres suelen ser así.***

The men, guided by the girl, went out with their shotguns, and killed the Wolf when they found him asleep.

— ***How cruel!***

— ***Yes, dear boy, it was cruel; that big Wolf deserved better. But humans behave like that.***

www.ingramcontent.com/pod-product-compliance
Lightning Source LLC
LaVergne TN
LVHW070140110826
845147LV00002B/298

* 9 7 8 1 9 5 9 0 4 0 1 3 2 *